'아단문고 고전 총서'를 펴내며

　지금부터 200여 년 전 연암 박지원은 문학 창작의 원리로 '법고창신(法古創新)'의 정신을 내세웠습니다. 옛것을 본받으면서도 변화할 수 있고, 새것을 만들어내면서도 법도에 맞아야 독창적인 글을 쓸 수 있다는 뜻입니다. 연암의 생각은 오늘날에도 유효합니다. 옛것만을 불변의 진리로 답습하는 것은 흙으로 빚어놓은 가짜에 지나지 않고, 새것만을 숭배하는 것은 뿌리를 내리지 못하고 떠도는 부초와 같습니다.

　지금 이곳에서 살아가는 사람들의 참모습을 그려내는 것이야말로 새 글이 꿈꾸는 오랜 정신일 것입니다. (재)아단문고에서 '고전 총서'를 발간하는 뜻도 바로 여기에 있습니다. 오랜 글과 책은 이미 낡아서 버려야 하는 것이 아니라, 당대인들의 삶과 정신을 여실하게 반영하고 있다는 점에서 오늘날 새롭게 해석하고 되풀이해서 본받아야 할 전범입니다.

　'아단문고 고전 총서'는 오늘날에도 여전히 가치 있는 전통을 발굴해 낼 것입니다. 전통을 발굴하는 데만 그치는 것이 아니라, 거기에 담겨 있는 정신의 폭과 깊이를 되살려서 오늘날의 시대정신과 소통할 수 있는 지점들을 탐색해 갈 것입니다. 옛것에 숨어 있는 오래된 미래의 가능성을 찾아내고 새것에 숨 쉬고 있을 참신한 전통을 발견하는 것이 우리가 지향하는 바입니다.

　그 어떤 최첨단의 과학과 기술도 전통의 두께와 깊이를 모방하거나 능가할 수는 없습니다. 전통에는 오랜 삶의 기억과 영혼의 무늬가 새겨져 있기 때문입니다. 시간이 지나면 낡아가는 물건과 달리 오히려 세월이 얹힐수록 더 새로워지는 것이 전통입니다. '아단문고 고전 총서'는 전통의 형식이 아니라 내면의 정신을 본받으려 합니다. 우리는 이 책들이 우리 시대와 만나서 창조적인 가역반응을 일으킬 수 있으리라고 믿습니다.

特別 淑英娘子傳 目錄 숙영낭ᄌ젼 목록

특별 淑英娘子傳 目錄 終 숙영낭ᄌ젼 목록 죵

숙영낭ᄌ젼 목록

뎨일회 빅션군이런연을차져우연동에셔낭자를만나셔로졀긔다

뎨이회 알셩과를보라가다가두번이나집에도라오고빅공에수삼차창밧게셔엿듯다

뎨삼회 미월의음흉로도리를동별당으로임도흉야루명을씨우다

뎨사회 낭지루명써스려스스로죽고션군이장원흉후부모젼상셔흉다

뎨오회 션군을위로추로립시와야혼흉고미월을죽여원슈를갑다

뎨륙회 션군이신원현몽흉야낭지회싱다흉다

半萬年 朝鮮歷史 附圖像

玄白堂 先生 著

漢裝美本 全一冊 頁數四百頁 定價金一圓五十錢 書留送料十六錢

▲ 읽으라!
▲ 보아라!

二千萬民衆의 明鑑을!
五千年歷史의 記錄을!

▲우리歷史가半萬年의長期間을繼續하야武工과文化가天壤을照耀함에光輝스럽고寶貴스러운歷史가열마동안颱雲에싸이여重要한缺点이學者社會에大遺憾을作한故로史學界의著述大家인玄白堂先生이此를慨嘆하야許久한歲月과廣博한考證을費하야 檀君時代로붓터本朝最近史에至하기까지國家興亡、政治制度、軍事、外交、宗敎、黨論 等大事件、大變革을極公極平한見地에서相略相因하게筆削을加하야由來하든 學의不備한点을一掃하야엿음은勿論이요歷代帝王과古今名賢의圖像外지添付하야讀者로하야금 우리先民의勳業과功德이一目瞭然케하야敬愛하는感想을發生케하는 一大寶鑑이오 니男女學友와紳士淑女老少諸氏난敎習的自習的參考의溫故의으로至急히購覽하시오!

○朝鮮사람으로서는누구나다―朝鮮歷史를아니읽고는안됩니다!

京城鍾路二丁目二十番地
發行所 德興書林 販賣部
振替口座京城三〇九一番

特別 淑英娘子傳

별특 숙영낭자젼

뎨일회

박션군이 텬연을 차져옥연동에셔 낭즈를 만나 셔로질기다

화셜세종씨에경상도안동씨히훈션비잇스되셩은빅이오명은샹군이라부인졍씨로
더부러동쥬이십여년에일기소속아업셔슬허호더니명산디찰에긔도호며텬디일월
셩신게암츅호얏더니몽을엇고일조룰싱호야젼소주라미용모쥰슈호고셩되온유
호며문여필이유여호지라그부뷔쳔금굿치인즁히너겨일홈을션군이라호고조를현즁
이라호다졈소주라나히약관에이르미부모져한빈필을어더슬호에주미를보고
호야널니구혼호되혼곳도합당호곳이업셔미양근심호더니초시논츈풍가졀이라션
군이셔당에셔글을닑더니뜻연몸이곤호야쪠를의지호야됴을셜문득춘몽의홀샹훈낭
주기게를열고드러와지비호며겻헤안자뫼오디낭군은쳡을몰나보시느닛가쳡이수
에이르문다름아니라과연텬연분이잇기로차져왓느이다션군이답왈나는진셰속긱이
오그되논텬샹션녀어날지연분이잇다호눈낭지갈오되낭군이하날에미주논션
관으로되비를그릇쥰죄로인간에젹강호얏스니일후상봉홀날이잇스오리이다호고믄
득간되업거놀션군이긔이히녁여 그종젹이묘연호고여향이오히려 소라지수아니
호야졍히업더니문득세다르니남가일몽이오오히려음용이소목에

젼 조 낭 영 슉 2

암뎡스호호더라션군이시일노븟터그낭조의고으양지안호
오불스이즈스라마음을진졍치못호야인호용뫼초최호고
그긔식을보고크게우려호야문왈네병세가심샹치아니호니무슴소회잇거든모로
바로이르라션군왈별로쇼회업스오니부모는과려 치마르시믈바라노이다호고이
에셔당으로믈너와고요히누어오직낭군만싱각호고만스무심이러니믄득낭지압헤
와셔안지며위로왈낭군이날로말미암아져럿듯셩병호얏스니엇지쳡의마음이편호
리잇고이러호고로쳡의화샹과금동자호쌍을가져왓스니화샹을낭군침실에두고
밤이면안고조낫이면병풍에거러두워심회를덜게호소셔호거놀션군이반겨그손
을잡고졀히말호고져홀지음에믄득간디업고고셰여본즉화샹과동지겻헤노엿거놀션
군이크게긔이히역여그동조는샹우에안치고화샹은병풍에거러두고쥬야십이시로
샹터호야잇는지라차시각수쳔단을갓초아가지고닷토아구경호니그림으로가셰졈
에긔이훈보빈잇다호고각식
수부요호나션군은일거월져에다만싱각나니랑조라가련타션군이벽입골슈호얏스
니뉘능히살녀별고이젹에낭저싱각히미졍히션군의날씁싱각호야심려호미이러룻
호니엇지안연부동호리오호고션군의게현몽호야왈낭군이쳡을싱각호야셩병호얏
스니쳡이가쟝갑겨호온지라미혈이가히낭군의견질을쇼임홀만호온지
라아직방수를졍호야젹막호심회를위로호쇼셔호거놀션군이듯기를다못호야셔다

견즈낭영슉   3

르니 침샹일몽이라 마지못ᄒᆞ야 미월노 잉쳡을 숨어져 기울회를 쇼챵ᄒᆞ나 일편단심이 낭ᄌᆞ의게 잇더라 일월노 샹ᄉᆞ지심이 흣쩍 도잇지못ᄒᆞ야 월명공산에 잔나븨 ᄉᆞᄉᆞ다 이럿듯 달 두견은 불여귀라 슬피울졔 쟝부의 샹ᄉᆞᄂᆞᆫ 눈간쟝이 구븨ᄉᆞᄉᆞ 다녹는다 이럿듯 고 날이오미 쥬야 소모ᄒᆞ는 병이 고황에 드는지라 그부뫼 션군의 병이 졈ᄉᆞ 위즁ᄒᆞ 물보고 우황 초조ᄒᆞ야 빅가지로 문복과 쳔가지의 약에 아니미 쳔곳지 업스나 맛참내 득 효업스니 눈물노 셰월을 보내더라 차시 낭직셩각ᄒᆞ미 낭군의 병이 빅약이 무효ᄒᆞ니 젼 싱연분은 중ᄒᆞ나 속졀업시 되리로다 ᄒᆞ고 이에 션군의게 현몽ᄒᆞ야 왈 우리 아직괴약이 머럿기로 각리ᄒᆞ엿더니 낭군이 져러틋 노심쵸ᄉᆞᄒᆞ미 쳡은 심이 불편ᄒᆞᆫ지라 낭군이 나를 보랴ᄒᆞ시거든 옥연동으로 차져 오쇼셔 ᄒᆞ고 간ᄃᆡ 업거눌 션군이 씨여 ᄉᆡᆼ각ᄒᆞ미졍 신이 황홀ᄒᆞ야 향을 바를 아지 못ᄒᆞ지라 이에 부모ᄭᅴ 엿즈오ᄃᆡ 근일 히의심 괴울격ᄒᆞ와 침식이 불안ᄒᆞ오미 명산ᄃᆡ찰에 유람과 수회를 쇼챵코쟈 ᄒᆞᄂᆞᆫ 지라 옥연동은 산쳔 경ᄆᆡ졀승타 ᄒᆞ오니 슈삼일 유람ᄒᆞ고 즉시 도라 오고쟈 ᄒᆞᄂᆞ이다 부뫼 경왈 네 실셩ᄒᆞ 얏도 다져럿듯 셩치못 ᄒᆞ엿지 문밧게 나리오ᄒᆞ 눈치아니ᄒᆞ 는지라 션군 이 둣지 아니ᄒᆞ고 부ᄃᆡ가 고쟈 ᄒᆞ거ᄂᆞᆯ 부뫼ᄒᆞᆯ 일업셔 니라 션군이 일필쳥녀를 타 피입귀셔 동을다리고 다히ᄒᆞ야 갈ᄉᆡ 길이 쵸 아ᄒᆞ경히 옥연동을 찻지못ᄒᆞᄆᆡ 민울 ᄒᆞ마음을 이긔지 못ᄒᆞ야ᄒᆞᄂᆞᆯ ᄎᆡ 축슈 ᄒᆞ야 왈 소ᄉᆞᄒᆞᆫ 명텬은 이 경샹을 가련이녁이 쇼옥연동 가는 길을 인도ᄒᆞ쇼셔ᄒᆞ고 졈ᄉᆞ나 아가더니 ᄒᆞᆫ 곳에다ᄉᆞ라셔 양이 지산ᄒᆞ고

셕됴두림이라쳥산우ᄎᆡᆸᄎᆡᆸ쳔봉이오류슈잔ᄎᆞᆫᄎᆞᆫ빅곡이라지당에연화만발ᄒᆞ고심곡에
모란이셩ᄀᆡ라화간졉무ᄂᆞᆫ분ᄉᆞ셜이오유상잉비눈편ᄎᆞᆫ편ᄎᆞᆫ금이라층암졀벽간에폭포슈
논하슈를취여딘듯ᄒᆞ고명ᄉᆞ쳥계상에돌다리ᄂᆞᆫ오작교와방불ᄒᆞ다좌우를고면ᄒᆞ며
드러가니별유텬지비인간이라싱이어갓치풍경을보미심신이상쾌ᄒᆞ야우회등션을
듯희괴자연산용슈츌ᄒᆞ야흥심일경드러가니쥬란화각이운리에표묘ᄒᆞ고분벽소창
은화련됴요ᄒᆞ얏ᄂᆞᆫᄃᆡ금자로현판에박엿스되옥연동이라ᄒᆞ얏거ᄂᆞᆯ승ᄐᆡ회ᄒᆞ
야바로당상에올나가니흔낭지잇서문왈그ᄃᆡᄂᆞᆫ엇던속ᄀᆡᆨ이완ᄃᆡ감히션경을범ᄒᆞ얏
ᄂᆞᆫ뇨싱이공슌이ᄃᆡ왈나눈유산긱으로셔산쳔풍경을탐ᄒᆞ야길을일코그릇션경을범
ᄒᆞ얏스니공슌은모ᄅᆞ미용셔ᄒᆞ쇼셔낭지졍식왈그ᄃᆡᄂᆞᆫ몸을앗기거든ᄲᆞᆯ니나가고지
완치말ᄂᆞᆫ싱이ᄎᆞ언을드ᄅᆞ미의ᄉᆞ삭막ᄒᆞ야회를일흘진ᄃᆡ다시ᄯᆡ
만나기어려오리니다시슈작ᄒᆞᄉᆡ긔를탐지ᄒᆞ고졉ᄉᆞ나아가안ᄌᆞ며왈낭자
ᄂᆞᆫ사ᄅᆞᆷ을이다지ᄀᆞᆯ시ᄒᆞᄂᆞᆫ뇨낭지쳥이불문ᄒᆞ고방즁으로드러가고니미러보도아니
ᄒᆞᆫ지라싱이문연쥬져ᄒᆞ다가흘일업셔쳥계에누려가니낭지그계야옥면화안을화
ᄒᆞ고화란에빗겨셔셔단슌호치를반기ᄒᆞ고죵용이불너왈낭군은가지말슘
을드ᄅᆞ소셔낭군은죵시지식이업도다아모리텬졍연분이잇ᄉᆞᆯᄃᆞᆯ엇지일언에허락ᄒᆞ
리오ᄒᆞ고모로미더ᄃᆡ지물협의치마르시고오르소셔션군이그말올드르ᄆᆡ희불자
승ᄒᆞ야이에승당좌졍ᄒᆞᄆᆡ문득바라보ᄃᆡ낭자의화용은운간명월이벽공에걸넛ᄂᆞᆫ

젼즈낭영슉

듯틴도눈일타 모란이흡연이조로룰뻐엿눈듯ᄒ고일쌍츄파눈경슈갓고셤셤셰요눈
츈풍에양류휘드눈듯쳡々쥬슌은잉무단으문듯ᄒ니쳔고무쌍이오초셰셰요눈독
보홀졀디가인이라마음에황홀눈칙ᄒ야ᄒ오디오날날에이갓튼션녀를디ᄒ매금셕
슈스느무하이라ᄒ고그리든졍회를베풀매낭지글으디날갓튼아녀즈를스모ᄒ스이
릿듯ᄒ야병을일우니엇지쟝부라ᄒ리오그러느우리만날긔약이삼년이격ᄒ얏스니
그쩌쳥조로미파를 매져빅년동락ᄒ려니와만일오날날몸을허
스리니이닉몸이죽어황쳔긱이될지라도라가면잔명이조셕에잇
군왕일각이여삼츄라일시인들엇지견디리오니이제그져도라가면잔명이조셕에잇
훈즉뎐긔를누셜ᄒ미도여젼앙이잇스리니낭군은아직안심ᄒ야쩍를기다리소셔
졍계를싱각ᄒ야그믈에걸닌고기를구ᄒ만단의걸눈지라싱이그형샹을보미오직가
궁훈지라할일업셔마음을도로히미옥안에화식이무르녹눈지라싱이그형샹을보미오직가
침셕에나아가니운우지락을닐운지라그졀졀훈졍을오츅량치못할네라이에낭ᄌ
굴오딕임의몸이부경ᄒ얏스니이에머물지못할지라랑군과혼가지로도라오니ᄌ연츄죵이만
노시를닛그러니여타고성도또훈쳥녀를타고병힝ᄒ야집에도라오니ᄌ연츄죵이만
터라이격에빅공부뷔션군을닛여보니고념려를노치못ᄒ야노복을ᄉ쳐로노와초지
되맛츰니종젹을찻지못ᄒ야졍히울민ᄒ니하회셕팀ᄒ라

뎨이회

알셩과 보라 가다가 두번이나 집에 도라오고 빅공이 수슘츠 창밧게셔 엿듯다

지셜빅공부뷔션군의 종젹을몰나졍하울민ᄒᆞ더니 일일은문젼이 들네며션군이 홀연어디로조차오ᄂᆞᆫ줄을모르게이르러부모젼에 현알ᄒᆞ거ᄂᆞᆯ빅공부뷔망지쇼조ᄒᆞ야 밧비그손을잡고그ᄉᆞ이어ᄂᆞᆪ씨헤유락ᄒᆞ야늠은부모를문안의지ᄒᆞ야바라는눈이 뜻러지게ᄒᆞ얏ᄂᆞ뇨ᄒᆞ며지ᄂᆞᆫ바를혐문ᄒᆞ니 공지옥연동에가 낭ᄌᆞ를만나 도라온말을셰셰히고ᄒᆞ며일변낭ᄌᆞ를인도ᄒᆞ야부모ᄭᅴ 비알ᄒᆞ게ᄒᆞ니 낭ᄌᆞ지연보를움작여부모ᄭᅴ비알ᄒᆞ니 공의부뷔쳔만몽외에 이런거이 훈일을당ᄒᆞ야 낭ᄌᆞ를살펴보니 화용훈체모와아리싸온화용이다시 인간에 업눈지라 불승즁의ᄒᆞ야침소를동별당에 정ᄒᆞ니라 싱이 낭ᄌᆞ로더부러금실지락을 닐우미 슈유불ᄒᆞ고학업을젼폐ᄒᆞ니빅공이민망이녀겨ᄒᆞᄂᆞᆫ션군을극히쥼ᄒᆞᄂᆞᆫ고로바려두니러구러셰월이물ᄒᆞ르 눈것갓ᄒᆞ야 님의팔년이된지라 젹일ᄌᆞ일녹싱ᄒᆞ녀ᄌᆞ의일홈은츈잉이니 방년이칠셰라 위인이 영혜총명ᄒᆞ고아들의일홈은동츈이니 ᄂᆞ히숨셰라 부풍모습ᄒᆞ야 가닉화긔가가득ᄒᆞ야다시 그릴거시 업눈지라 이의동편의 졍ᄌᆞ를 짓고 화됴월셕에 량인이 산졍에 올나쳘현금을희롱ᄒᆞ고 노릭룰화답ᄒᆞ야 셔로 질기며풍류ᄒᆞ야쳥흥이 도도 ᄒᆞᆯ시빅공부뷔이거동을보고굿기를 마지안야 왈녀의 량인의 평상연분이 비경로다 ᄒᆞ고 싱을 불녀 왈금번에 알셩과를뵌다 ᄒᆞ니너는 보로미 응파ᄒᆞ미 맛당ᄒᆞ도다 요ᄒᆡᆼ찬방ᄒᆞᆯ진ᄃᆡ너 부뫼

젼 즈 낭 영 슉

영화롭고 또훈툐션을빗너미아니되랴ᄒ며길을지쵹ᄒ니 션군왈우리젼당이 슈쳔셕
직이오노비쳔여인이라심지지 쇼호과이목지소략ᄒ얏거늘무솜부족
ᄒ미잇셔급졔를바라리잇고만일잡훌쩨노 오면낭즈로더부려볏이되깃소오니
졍이졀박ᄒ여이다ᄒ고 뜻벌당에이르러부쳔과둔답스를이지 넘용더왓낭군
의말이그르다남의즁셰ᄒ야민님신양명ᄒ야이런부모ᄒ미 엿엇효빙어놀이제랑군
이규즁쳐즈를권연ᄒ야남아의당당훈일을 폐ᄒ고즈ᄒ니이눈불효될쓴더러인의ᄯᅳᆺ
지릭이맛춤버쳡의계 도라오리니바라건티낭군은지솜싱각ᄒ야과ᄒ힝을밧비 ᄎ려넘
의우음을취ᄒ 처마르소셔ᄒ고반젼을즁비ᄒ야 쥬며 왈낭군이금번과ᄒ힝을밧비ᄒ고도라
오면쳡이스지못ᄒ리니낭군은조금도다른일을 패럼치말고밧비발힝ᄒ소셔ᄒ거놀
싱이그말듯드미언언이졀졀ᄒ지못ᄒ야부모게ᄒ직ᄒ고낭즈를도라보아
왈그디는부모극진봉양ᄒ야나의도라오기를다리라ᄒ고쩌놀시혼거름에셔고
두거름에도라보니낭지쥼문에나와원로에보즁ᄒ물당부ᄒ며비회를금치못ᄒ거놀
션군이 ᄯᅩ훈슈식이만안야울기를마지아니코즁일토록힝ᄒ며겨오솜십리를갓는
지라슉소를뎡ᄒ고셕반을올니미오직낭즈를셩각ᄒ니음식이둘지아니ᄒ지라ᄒ부득
이두어슐을ᄒ져ᄒ고 셕반을믈니거놀하인이만망이 너겨ᄒᄂ 오터식스를 져럿타시간략
히ᄒ시고엇지쳔리원뎡을득 돌ᄒ시 느잇고ᄒ시 늘 오디아모리진식코자ᄒ나자
연그러ᄒ도다ᄒ니하인이 불승민망ᄒ야ᄒ더싱이 ᄎ시젹막훈긱관에잇셔 심신이

젼 조 낭 영 슉

슈란호야 낭자의 일신이 겻히 안진듯호여 건이 불견이오 소리 들니는듯 스쳥불쳥이라
여좌침셕호야 마음을 뎡치 못호눈지라 츠야이 경에 신발을 들매 고집에 도라와 가만니
장원을 넘어 낭즈 방에 드러 가니 낭지 티 경왈 이 닐이 엇진 일이 니 잇고 길을 힝치 아
니 호니 잇가 싱왈 종일 힝호야 겨오 슘 심리를 가셔 슉소를 뎡호고 다만 싱각호니 그 뒤 쎌
이라 쳡쳡흔 비회를 바야호로 금치 못호야 음식이 둘지 아니호니 힝혀 로즁에셔 병이 놀
가 져허 호야 그 뒤로 더브러 심회를 풀고 조호야 왓 노라 호고 낭즈의 옥슈를 닛그러 상
에 나 아 가 금니 목을 더져 브러 종야 토록 즐겨 뎡회를 푸 눈 지라 이적에 빅공
이 아즈 룰 경셩에 보니 고 집안에 도젹을 살펴 려 호야 쳥녀 장을 집고 장원 안흐로 도라단
니며 동뎡을 살피 려 다 가 가만니 문득 낭자의 방에 남자의 말 소리 은은이
들니거 놀 빅공이 이 욱 히 듯 다 가 동별당에 다르니 낭자는 빙옥 지심과 송빅 지 졀이 잇 거 놀
엇지 외간남자 롤 스통호야 음 힝지 스를 감심 호리오 그러나 계상스를 측양치 못호 리라
호고 가만이 창 압히 나 아 가 귀를 기우려 드른즉 낭자 이 욱 히 말호 다 가 닐오 티 식 부
께셔 밧게 와 계신가 시 브니 낭군은 몸을 금침에 감초 소셔 호 며 다시 아 히 를 들니 여 왈너
희 아 바 니 논 장원 급 졔 호 야 녀 화 로 미 도 라 오 눈 나 라 호 고 아 히 를 어 루 만 지 거 놀 빅 공 이
크게의 심호 야 급히 침소 로 도라 오니라 츠시 낭자 빅공에 넛듯 눈 양을 발 셔 아랏 눈 지 라
희아바니 일장 오티 존구 창밧게셔 엿듯고 가셧 스니 낭군이 도라 온 줄 아라 계신 지라 낭군은
쳡 을 유련 치 마 르 시 고 경 셩 에 올 나 가 셩 불 셩 을 불 계 호 고 과 거 를 보 아 부 모 의 바 탁 시 눈

마음을져바라지마르시고쳡으로ᄒᆞ야곰불민ᄒᆞ시비를면케ᄒᆞ소셔셩각건디낭군
이쳡을스럼ᄒᆞ야여러번축입홀마음을두려ᄒᆞ며일이러홀진디이눈군ᄌᆞ의도리
아니오ᄯᅩ부모아르시면결단코쳡의게죄쵹이ᄂᆞ릴듯ᄒᆞ오니낭군은빅번성각ᄒᆞ소급
히상경ᄒᆞ소셔ᄒᆞ며길을지촉ᄒᆞ니션군이듯기를다ᄒᆞ미언슉시야러라이의결연ᄒᆞ물
억졔ᄒᆞ야낭ᄌᆞ를리별ᄒᆞ고그슉소로도라오니하인이아직잠을쓰지아니ᄒᆞ얏더라평
명에길에ᄯᅥᄂᆞᆫ겨우십리를가슉소를졍ᄒᆞ고월명긱창에젹막히안졋스니낭ᄌᆞ의형용
이안젼에삼ᄉᆞᄒᆞ야잠을일우지못ᄒᆞ고쳔만가지로성각ᄒᆞ미ᄯᅩ울결ᄒᆞ물것잡지못ᄒᆞ
야이에표연이집에도라와낭ᄌᆞ의방에드러가니낭ᄌᆞ놀나글오디낭군이쳡의간ᄒᆞ
눈말을듯지아니ᄒᆞ시고이럿탓왕리ᄒᆞ시ᄂᆞᆫ잇가쳔금귀쳬긱중에셔병을엇ᄎᆞ져가리
지ᄒᆞ려ᄒᆞ시ᄂᆞᆫ잇가낭군이만일쳡을잇지못ᄒᆞᆫ후일쳡이낭군일업셔갓잉디엇
이다셩완낭ᄌᆞᄂᆞᆫ규즁녀ᄌᆞ라엇지도왕리를임의로ᄒᆞ리오낭ᄌᆞᄒᆞᆯ일업셔갓잉디왈
회포ᄂᆞᆫ푸소셔ᄒᆞ고화상을주며왈이화상은쳡의용모니힝즁에가졋다가만일빗치변
ᄒᆞ거든쳡이편치못ᄒᆞᆫ소셔ᄒᆞ고셔로이리별ᄒᆞᆯ시초시빅공이마음에고이히녀
겨다시동별당에가귀를기우려드른즉ᄯᅩ남ᄌᆞ의소리분명ᄒᆞ지라빅공이닛심에ᄒᆡ오
티고이코고이ᄒᆞ도다닉집이장원이놉고상하이목이번다ᄒᆞ미외인이잔디로출입지
못홀거시어ᄂᆞᆯ엇지수일을두고낭ᄌᆞ의방즁에셔남ᄌᆞ의말소리ᄂᆞᆫ고이논반다시흉
악혼놈이잇셔낭ᄌᆞ로통간ᄒᆞ미로다ᄒᆞ고쳐소로도라와초탄왈낭ᄌᆞ의졍졀노이런힝

숙영낭즈젼

실을항니일노불진티옥셕을분간키어렵도다항고의혹이만단항야유예미결이라이
에부인을불너이스연을닐너왈그가를아지못항고의외의만일불미지스가잇스면
잠츠엇지항리오부인왈상공이잘못드러계시도다현부의항실은빅옥갓흐며그러홀
일이업스리이다이런말을다시마르소셔공왈나도져일을심히의아항눈바니딕져々
를불너힐문항것이로틱내져를텰혼녀즈로알기로지금격실치못항미잇슬가항야
쥬져항얏더니금일은단졍코져를불너힐문항야보스이다항고이에낭즈를불너문왈
이스이집안이젹々항미내후졍을두루도라네방근쳐에이른죽방즁에셔남즈의음셩
아은은이들이니여도라와싱각항니그러홀리만무호고로그잇든놀또가
셔들은즉젼과갓치남즈의말소리랑즈항니아아니항냐々싱간즉와엇지외간남
즈잇셔말솜항얏소릿가이고민월노더부러말솜항얏습거니와엇지외간남
일이고이항야민월을죽시불너문왈네이스이낭즈방에가스환항얏나나민월이엿
즈오딕소녀의몸이곤항기로낭즈방에가지못항얏느이다빅공이쳥파에더욱슈상이
녀겨민월을불너쑤지져왈이스이고의심되여낭즈다려무르른
즉널노더부러혼가지로자며슈작항얏다항고의심되여낭즈다려무르른
말이갓지아니항니이낭자의외인상동항미젹실호지라너는모로미착실히살펴
왕닉항는놈을잡아고항라민월이슈명항고아모리쥬야로상직호들

뎨삼회

미월의 음히로도리를 돗별당으로인도ᄒ야 루명을 쎠우다

격을엇지잡으리오이논부졀업시미월노ᄒ야곰간계를발케ᄒ미라미월이이에싱각
ᄒ되소샹공이낭ᄌ로더브러작비훈후로나를도라보지아니ᄒ니엇지잇달지아니
ᄒ리오내맛당히이ᄯᅢ를타셔낭ᄌ를소졔ᄒ리라ᄒ니필경엇지된고하회를분셕ᄒ라

지셜미월이본티이ᄯᅢ를타낭ᄌ를소졔ᄒ야결단코나의격년단쟝ᄒ던원을풀니라ᄒ
고금은슈쳔냥을도젹ᄒ야가지고무뢰악소년을모와의론왈뉘가히ᄒ나를위ᄒ야묘
를힝ᄒ면이은조슈쳔냥을줄거시니렬위즁에뉘가히힝ᄒᆯ고그즁에훈놈이팔을쌥닉
며내당ᄒ리라ᄒ니셩명은도리라본티션졍이흉완ᄒ고가졍호방훈놈이러니초언을
듯고지물을탐ᄒ야쾌히응낙ᄒ고니다른빈라미월이깃거도리를잇글고종용훈곳
로가닐오ᄃᆡ내다른亽졍이아니라우리쇼샹공이나를소실로두어졍을두터이ᄒ더니
낭ᄌ로더부러작비훈후로이졔팔년이 되도록훈번도 보지지아니ᄒ니 나의 마음이
엇지분연치아니ᄒ리오실노낭ᄌ를음히ᄒ야셜치코ᄌ하나니그ᄃᆡ논나의밀을명심
ᄒ야나의지휘ᄃᆡ로ᄒ라ᄒ니도리언응낙ᄒ거놀미월이쵸야에도리를다리고동별
당에드러가후문을열고밧게셰우며왈그ᄃᆡ눈여긔잇스라닉상공쳐소에드러가여쵸
亽亽ᄒ면샹공이필연분로ᄒ야그ᄃᆡ를잡으라ᄒᆯ거시니그ᄃᆡ논낭ᄌ의방즁으로셔나
오논체ᄒ고문을열고나가되부ᄃᆡ소홀이말나ᄒ고급히빅공게나아가고ᄒ되샹공이

소쳡으로ᄒᆞ야금동별당을슈직ᄒᆞ시미밤마다살피옵더니금야에과연엇던놈이
드러가랑ᄌᆞ와더부러희락이낭ᄌᆞᄒᆞ올기로감히아니고치못ᄒᆞ오미대강들은디로
ᄒᆞ오리이다쇼쳡이고이ᄒᆞ긔식을보고진가를알녀ᄒᆞ야낙할뒤에가여어듯소온즉낭
져그놈다려이르기를쇼상공이오시거든시죽인후져물을도젹ᄒᆞ야가지고다라나
흠게살ᄌᆞᄒᆞ온즉듯기에하심직ᄒᆞ온지라이런말솜을듯고엇지안져셔참혹ᄒᆞ온광경
을보리잇고이런바대강을고ᄒᆞ나이다빅공이듯기을다못ᄒᆞ야뒤발ᄒᆞ야갈을가
지고문을열며ᄂᆡ다르니과연엇던놈이문득낭ᄌᆞ에방으로셔문을열고뛰여니다라장
원을너머도망ᄒᆞ거놀공이불승대로ᄒᆞ야도젹을실포ᄒᆞ고훌일업셔쳐소로도라와밤
을시울시미명에비복등을불너좌우에셰우고초례로엄문ᄒᆞ야와ᄂᆡ집이장원이놉고
외인이임의로출입지못ᄒᆞ거놀너희놈즁에엇던놈이감히낭ᄌᆞ와스통혼고종실직초
ᄒᆞ라ᄒᆞ며랑자을잡아오라ᄒᆞ니미월이먼져ᄂᆞ다라동별당에가문을열고소리를크게
질너왈랑ᄌᆞ눈무슴잠을깁히드럿나뇨지금상공졔셔랑ᄌᆞ를잡아오라ᄒᆞ시니밧비
보쇼셔랑ᄌᆞ놀라문왈이심야에엇지이리요란이구나뇨ᄒᆞ고문을열고보니비복등이
문밧게가득ᄒᆞ얏거놀랑ᄌᆞ왈무슴일이잇나냐노복이디왈랑ᄌᆞ눈엇던놈과동간ᄒᆞ는
가이미호우리등으로즁장을밧게ᄒᆞ나뇨아등을쏙지랍들니지말고어셔밧비가스이
다ᄒᆞ며구박이틱심ᄒᆞ노랑ᄌᆞ쳔만몽미밧이말을드르니혼빅이비월ᄒᆞ고간담이셔
늘ᄒᆞ야엇지ᄒᆞ줄모르눈즁좀이화셩갓은지라급히상공압헤나아가복지쥬왈쳡이

무솸죄잇슙는티이디경에얼르나니잇고공이대로왈슈일전에여 ᄎᆞᄉᆞᄉᆞ슈삼훈일이

잇노라다려무른즉네말이낭군이떠난후기로미월노더부러담학ᄒᆞ얏다ᄒᆞ

민닉반신반의ᄒᆞ야미월을불너쳐문ᄒᆞᆫ즉졔디답이일졀네방에가지아니ᄒᆞ얏다ᄒᆞ니

필연곡졀이잇는일이기로ᄌᆞ셰히긔찰ᄒᆞᆫ즉엇던놈이여 ᄎᆞᄉᆞᄉᆞᄒᆞᆯ시분명ᄒᆞ거놀네

무숨낫출들고감히발명코ᄌᆞᄒᆞᄂᆞ뇨량ᄌᆞ울며발명ᄒᆞ되공이엇지무언눌고지드르시

나뇨호디공이디질왈내귀로쳔히듯고눈으로본일이라네종시기망ᄒᆞ니엇지통회치

아니ᄒᆞ리오량반의집에이런일이잇는큰변이라상통ᄒᆞ든놈의성명을ᄡᆞᆯ니고ᄒᆞ라

ᄒᆞ며호령이셔리갓ᄒᆞ지라량ᄌᆞ안셕이ᄡᆞᆨᄡᆞᆨᄒᆞ야와아모리육례빅탕으로맛지못ᄒᆞᆫ이몸

나리라ᄒᆞᆫᄉᆞ이런말솜을ᄒᆞ시나니잇가발명무로오나셰ᄉᆞ히통ᄒᆞᆫ든일이다공이익ᄉᆞ딘로ᄒᆞ

이비록인간에잇ᄉᆞ온듈쳡의빙옥갓튼졀개로더러온말삼을듯ᄉᆞ오릿가영쳔슈가며

러귀를씻지못ᄒᆞ오ᄆᆞ이되옵ᄂᆞ니다만죽어모르고ᄌᆞᄒᆞ옵ᄂᆞ이다공이더로ᄒᆞ

야노ᄌᆞ를호령ᄒᆞ야랑ᄌᆞ롤결박ᄒᆞᆫ견이러라노자일시에다라드러랑ᄌᆞ의머리를산발ᄒᆞ

야계하에안치ᄂᆞ그경상이참불인견이러라공이더ᄒᆞ성즐왈네죄상은만ᄉᆞ무셕이니ᄉᆞ

통ᄒᆞ던놈을밧비이르라ᄒᆞ고미를드러치ᄂᆞ니빅옥갓튼귀밋히흐르ᄂᆞ니눈물이오옥곳

든일신에소ᄉᆞᄂᆞ니류혈이라ᄒᆞᆯ일업셔졍신을차혀왈향ᄌᆞ낭군이

쳡을잇지못ᄒᆞ야발힝ᄒᆞᆫ는늘거오삼십리를가숙소ᄒᆞ고밤에도라와단여잔ᄒᆞ야보내시어린소견에눈혹구고게견칙이잇슬

든눌밤에왓슙기로쳡이한ᄉᆞᄒᆞ고

가져허야낭군거취를은휘호야낭보닛습더니조물이무이녁이고귀신이식이기호야
가히썻지못호올루명을넙소오니발명무로오나구만리명턴은찰시호옵는니동츅호
옴소셔빅공이졈스디로호야집장노복을호령호야미스고찰호야낭조홀일업셔
하늘을우러닐등곡왈유스창턴은무죄호이니몸을구버살피옵소셔오월비상지원과
십년불우지원을뉘라셔푸러니리오호고이의업더져괴식호거놀존고졍시그형상을
보고울며빅공다려왈옛말에일너스되그릇셰물을업치고다시담지못호다호오니
상공은조셰히보지못호고빅옥무하호결부를무단이음힝호다호고포박호미여츠
시니엇지가히후회지탄이업소오리잇고호나리다라랑조롤안고디셔통곡왈너의
숑빅지졀은닉아는비라오놀이경상을몽미에도싱각지못호일이니엇지지원극통
치아니리오낭지울며디왈옛말에음힝지셜은신셜기어렵다호오니동히슈를기우려
씻지못홀루명을엇교엇지루시히살기를도모호리잇고호고동곡호기를마지아니호
니졍시만단기유호되낭지종시문득옥잠을빠혀늘게결호며옥잠을공즁에
왈지공무스호신황턴은구버살피소셔쳡이만일외인으로통간호일이잇거든이옥잠
이쳡의가슴에박히고만일소셔호며옥잠이셤돌에박히눈지라그제야샹히다대경실식호야
더지고업대엿더니옥잠이나려오며셤돌에박히눈지라그졔야샹히다대경실식호야
크게신긔히녁이며낭조에원억호눈물알더라빅공이츠경을보고부지불각에나리다
낭조의손을잡고비러왈놁으니지식이업셔착호며느리롤모로고망녕된거조롤호얏

스니 그명졀을 모르고 나릿롯ᄒᆞ미라 ᄂᆡ 허물은 만번 죽어도 속지 못ᄒᆞᆯ비니 바라건ᄃᆡ 현부는 나의 허물을 용셔ᄒᆞ고 안심ᄒᆞ라 낭지 이 연동곡을 왓ᄉᆞ며 명을 싯고 셰샹에 머무러 쓸ᄃᆡ 업는지라 이졔 죽어 아황녀영의 혼령을 좃치려 ᄒᆞ니 이다 ᄒᆞ고 죵시 살 뜻이 업셔 ᄒᆞ거늘 빅공이 위로왈 죠고현 인군조ᄎᆞᆷ소를 맛나며 슉녀현부도 혹 명을 엇 느니 현부는 또 ᄒᆞᆫ 일시 운익이라 너무 고집지 말고 로부의 무류ᄒᆞᆷ물 ᄉᆡᆼ각ᄒᆞ라 ᄒᆞ니 정시 낭조를 붓드러 동별당으로 가 위로ᄒᆞᆯ 시 낭지 흐느 눈물이 오지 나니 ᄒᆞᆫ 숨이라 ᄒᆞ니의 군이 도라오면 샹ᄐᆡ 낫이 업ᄉᆞ오 니 다만 죽어 셰샹을 모르고자 ᄒᆞ나이다 ᄒᆞ며 진쥬 갓튼 눈물이 옷깃을 젹시거늘 부인이 그 춤혹 ᄒᆞᆫ 거동을 보고 낭지 죽다 ᄒᆞ면 아젹 결단 코 또 ᄒᆞᆫ ᄯᅡ라 죽을거시니 이런 답답ᄒᆞᆫ 일 이 어ᄃᆡ 잇스리오 ᄒᆞ며 침소로 도라 가니 라 이 ᄯᅢ 춘잉이 그 모친 형샹을 보고 울며 왈 모친은 죽지 말고 부친이 도라오시거던 원동ᄒᆞᆫ ᄉᆞ 졍이나 ᄒᆞ고 죽으나 ᄒᆞᆸ소셔 모친이 불ᄒᆡᆼᄒᆞ면 동춘을 엇지 ᄒᆞ며 나 눈를 밋고 살 나 ᄒᆞ오 모친의 손을 잡고 기를 권ᄒᆞ니 낭지 마지 못ᄒᆞ야 방으로 드러가 잉을 졋히 안치고 동춘을 졋먹이며 쳐복을 니여 닙고 슬허왈 춘잉아 눈 죽으리라 ᄒᆞ니 낭자의 소성이 하여오 분셕ᄒᆞ라

뎨사회

셩공다

낭자루명을 써스려스스로죽고 션군이 쟝원훈후 부모젼상

초설낭즈슬허왈춘잉아 눈죽으리로다 너의부친이쳔리밧계잇셔나죽는날을모르
니속졀업시나의마음둘듸업다 춘잉아 이벽학셩은진짓터훙긔보라치우면더운긔
이나고더우면셔늘훈긔운이나 느니잘잔슈훙엿다가동춘이즈라거든젼훙야라 슬프
다 흥진비리와고진감리 는 세상 샹소라훙나나의팔즈괴험훙야쳔만몽미밧루명을실
고너의부친을다시보지못훙며황텬긱이되니엇지눈을감으리오 가련타춘잉아나죽
은후과도히슬허말고동춘을보호훙야잘잇스라훙며누쉬여우훙며괴결훙눈지라춘
잉이모친을붓들고 낫츨더여 눈물이어머니이말숨이원말이오어머니우지
마오어머니우는소리의 니잔쟝이의여지오 어머니우지마오 어며방셩되곡훙미 아모리성
각훙야도죽어구던지 하에도라가루만져시울나 훙고 또아 히드리이러나
진훙야잠을들거놀 낭즈지원극통훙물이기지못훙고 흉중에가득훙드리이러나
분명죽지못훙게훙리라훙고 가만히 춘잉을어루만져왈 불샹훙다 춘잉아 나롤그리워
어이살니가련훙다동춘아 를두고엇지가리잇듸다나가눈십왕이나가르
쳐쥬려무나 슬푸물니긔지못훙야금침을도고 셤셤옥슈로드눈 칼을드러가슴울질
너쥭으니문득퇴양이무광훙고 던지훈 후훙며쳔동소 리진동훙거놀춘잉이 놀나셔
여보니모친의가슴에칼을쐿고누엇거놀 급히소소로져보 고 티경실식훙야칼올빼

젼조낭영숙

히려ᄒᆞ니ᄲᅡ지지아니ᄒᆞ거ᄂᆞᆯ츈잉이모쳔의낫츨다히고방셩ᄃᆡ곡왈어머니이러나오이
런일도ᄯᅩ잇는가ᄒᆞ느냅도무심ᄒᆞ다가련ᄒᆞ다어마니여우리남미를두고어ᄃᆡ로가시
며우리남미누를의지ᄒᆞ야살나ᄒᆞ오동츈이가어마니를ᄎᆞᄌᆞ면무삼말노달뇌리오어
마니눈참아못ᄒᆞᆯ노릇도ᄒᆞ오ᄒᆞ며호던고디ᄒᆞ며망극의통ᄒᆞ니그잔잉참졀ᄒᆞᆫ졍상을
볼진ᄃᆡ쳘셕간쟝이라도눈물을흘닐거시오토목심쟝이라도가히슬허ᄒᆞᆯ빗라박공부
쳐와노복등이드러와살펴본즉낭ᄌᆡ가삼에칼을꽂고누엇거ᄂᆞᆯ창황망조ᄒᆞ야칼을ᄲᅢ
히려ᄒᆞ느죵시ᄲᅡ지ᄉᆞ아니ᄒᆞ는지라아모리ᄒᆞᆯ술모로고다만곡셩이진동ᄒᆞ니이ᄯᅢ동
츈이어미쥭으믈모르고졋만먹으려ᄒᆞ고몸을흔들며우니츈잉이달뇌여밥을주어도
먹지아니ᄒᆞ고졋만먹으려ᄒᆞ거ᄂᆞᆯ츈잉이동츈을안고울며일으ᄃᆡ우리남미도어마니
와굿치쥭어다ᄒᆞ에도라가ᄌᆞ호고이호통ᄒᆞ니그형상을참아보지못ᄒᆞᆯ네라삼ᄉᆞ일
후에공의부쳐의론ᄒᆞ되낭ᄌᆡ이럿타참혹히쥭엇스니아자도라와낭ᄌᆡ의가삼을보면
필경우리모ᄒᆞ야쥭인줄노알고졔ᄯᅩᄒᆞᆫ쥭으려ᄒᆞᆯ거시니아ᄌᆡ오기젼에낭ᄌᆡ의신체
나밧비영쟝ᄒᆞ야엄젹ᄒᆞ고공의부쳐낭ᄌᆡ방에드러가쇼렴ᄒᆞ려ᄒᆞ즉ᄯᅩᄒᆞ이
상ᄒᆞ야신쳬가죠금도움쟉이지아니ᄒᆞ니쥬인이다라드러아모리운동ᄒᆞ려도신례ᄶᅡ
에붓고움쟉이지아니ᄒᆞ니무가닉하라박공이도로혀우민ᄒᆞ야초조ᄒᆞ더라ᄎᆞ셜션군
이낭ᄌᆡ의간언으로춧차마음을구지잡아경소로올나가쥬인을졍ᄒᆞ고과일을기다려
당ᄒᆞ니팔도션빈운집ᄒᆞ눈지라셩이ᄯᅩᄒᆞᆫ시지롤엽혜셰고츈당ᄃᆡ에드러가현졔판을

숙영낭자젼

바라본즉글졔를거럿는지라일필휘지호야션쟝호니차시샹이수만쟝시젼을드려보
시다가싱의글에다다라는칭찬호샤왓차인의글을보니무례는리빅이오필법은죠밍
보라호시고죠즈비졈에귀々관주를주시며쟝원놉식이시고비봉을떠이시니경샹도
안동거호눈빅션군이라호얏거놀샹이신리를지축호소슈삼차진퇴호시고승졍원쥬
셔를호이시니션군이소은숙비호고졍원에님직호얏더니과거훈긔별을집에젼홀뿐
더러낭즈를리별호지오리미회포간졀호지라밧비노즈로호야금부모게샹셔호고낭
즈에게평셔를붓치니노즈여러날만에본집에이르러글월을올니소와방금님직급히떠
미호얏스되소지젼은올니소와쟝원급졔호야승졍원쥬셔를호와금님직호엿소오
니감츅무디호온지라도문일즈눈금월망간이되올거시오니그리아옵소셔호얏고낭
즈에게온편지를졍부인이가지고울며왓츈잉동츈아이편지는네아비가네어미에
게혼편지니갓다가잘간수호라호고방셩딕곡호니츈잉이편지를가지고빙소에드러
가신쳬를흔들며편지를펴들고낫々히고울며와어마니이러나오아바지게셔편지
왓소아바지가쟝원호야승졍원쥬셔를호얏다호니엇지아니즐기지아니호고어
마니가아바지쇼식을몰는쥬야군심호시더니금일편지왓건마눈엇지반기지아니호
시눈니잇가누눈글을못보기로어마니혼령압헤셔넓어외지못호오니답답호이다
호고조모를넛그리 왓이편지를가지고어마니신령압히셔넓어들니면어마니혼
령이라도감동호듯호외다호거눌졍부인이마지못호야낭즈빈소에가셔 편지를넓으

니기셔에왈

쥬셔빅션군우흔잘글월을낭조좌하에붓치니그소이양위 존당되시고평안ᄒ시
며츈잉동츈도무량ᄒ니잇가북은다힝이륙문에올ᄂ일홈이환조에 언달ᄒ오나련
은이망극ᄒ오나다만그딕를리별ᄒ고쳔리밧게잇셔소모ᄒ니마음간절ᄒ도다육
망이란망ᄒ니그딕의용모눈에암암ᄒ고불소이자소ᄒ니그딕의셩음이귀에정소
ᄒ도다월식이만텬ᄒ고두견이슬피울졔츌문ᄒ야고향을바라보니운산은만즁이
오록슈눈쳔리로다시벽찬바람에외기러기울고갈졔반가온낭조의쇼식을기다
리더니창망호구름밧게쇼슬ᄒ풍경뿐이로다막창의실솔이살눈ᄒ니운우양틱에
초곡도소소ᄒ다슬프다흥진비릭는고금상소라낭자의화상이이스이날노번셕ᄒ
니무삼연조의미인몸이뜻과굿지못도다비쟝방의션죽쟝을어덧스면표셕왕리
ᄒ련마ᄂ눈홀일업고바라ᄂ낭자로도다공방독슉셜워말고안심ᄒ야지닉가
면몃날이다못되여셔반가온졍회를그아니위로ᄒ랴양츈풍에히눈어이더되
라ᄂ이닉몸의날킈업서한이로다언무진셜두궁ᄒᄂ일필란긔ᄒ야붓치노라ᄒ얏더

차시졍부인이보기를다ᄒ후에츈잉을어루만져대셩통곡왈슬프다네어미를일코어
이살고네어미쥬우흔이라도응당슬워ᄒ리로다츈잉이울며왈어마니아바니편지소

연드르시고엇지아모말슴을아니ᄒ시ᄂ니잇가우리남미살기실소오니밧비다려가
소셔ᄒ며슬워ᄒ믈마지아니ᄒ더라이ᄯ 빅공부쳬상의ᄒ야완션군이ᄂ려오며결단
코쥭으려ᄒ리니엇지ᄒ여야장찻됴흐리오ᄒ며탄식ᄒ믈마지아니ᄒ더니노자복이
이괴식을알고엿주오ᄃ져주음에쇼샹공이룡궁으로가실ᄯ에풍사와족에다사라는
쥬란화각에쳐옥이영룡ᄒ고지당에연화만발ᄒ며동산에모란이셩ᄭᄒ야츈식을자
랑ᄒ눈곳의흔미인이빅학으로춤츄이미그동리스람다려무른즉림진스ᄃ 규로라
ᄒ오니소상공이흔번바라보시고홈모ᄒ믈마지아니 스빅회쥬져ᄒ시다가도라오
신일이잇스오니 소인의쳔견에눈그ᄃᆨ파셔혼공시면소상공이소원이르믈깃거ᄒ스
반다시숙영낭자를 이즈실가ᄒᄂ이다빅공이대희ᄒ 왈 네말이가장올도다림진수눈늘
파친혼지라닉말을팔시치아닐듯ᄒ고션군이닙신양명ᄒ민구혼ᄒ기쉬우리라ᄒ고
즉시발힝ᄒ야림진스를차져가니하회를분셕ᄒ라

뎨오회

션군을 위로차로 림씨와약혼ᄒ고 미월을쥭여 원슈를갑다

차셜빅공이발힝ᄒ야림진스를차져가니림진셔마져영졉ᄒ야한헌을필ᄒ민션군의
득의ᄒ물ᄎ례ᄒ고쥬과를닉여ᄃᆸ졉ᄒ며완형이루디에왕림ᄒ시니감사ᄒ여이다빅
공왈형의말이그르도다쳔우심방이의례홀일이어놀루디라시니도로혀불감
ᄒ도다ᄒ고셔로우으며담소ᄒ더니문득빅공이글오ᄃ소졔감히의논홀말삼이잇스

니 능히 웅낙홀 소나 람진亽 왈 들을 거시니 밧비 널으라 빅공왈 다룸이 아니라 자식이 숙영낭자로 연분을 미자 금슬지락이 비홀디 업셔 자식 남미 를 두고 셔이 파거를 보라 갓더니 그 소이 낭자를 연득 병호야 모월 모일에 불힝이 소호니 져 마음도 불상호 긔츅량 업거니 와 션군이 나려 와 죽은 줄 알면 반다시 병이 눌 듯호기로 규슈를 광구호더니 듯소온즉 귀턱에 어진 규슈 잇다호오미 소뎨의 몸이 비루호믈 싱각지 못호고 감히 귀 턱으로써 구혼호느니 형이 몰니 치지 아닐가 바라느이다 림진셔 듯기를 다호미 침음량 구에 골으디 쳔호녀식이 잇스나 족히 영낭의 건질을 밧드럼즉지 아니호고 또 거년 칠월 망일에 우연이 영낭을 보미 낭자와 월궁션예 반도를 진상호 듯호던 빈라 만일 소뎨허혼 호얏다 가 영낭모음에 불합호면 녀식의 신셰 그 아니 가련호리오 빅공왈 그럴리 업 다호고 지삼쳥호거늘 림진셔 마지 못호야 허락호는지라 빅공이 불승 대희호야 왈 금월 망일에 션군이 귀턱문젼으로 지날 거시니 그날 셩례호미 무방호니 형의 여하 오림진셔 쏘호 무방타호거늘 빅공이 소수에 심합호물 대희호야 즉시 하직호고 본부로 도라 와 부인 다려 이 亽연을 젼호고 빅공부쳬의 론왈 낭자 죽으믈 션군 이모로고 나려 올 거시 오드러 와 낭자의 형상을 보면 그 곡졀을 물을 거시니 무어시라호 리오 빗공왈 그 일을 바로 일을 거시 업소오니 여차수수호오미 됴타호고 셔로 약속을 뎡혼 후에 션군이 느려 올 날을 기다려 풍산으로 가려호더라 각셜이 띄 션군이 근 쳔 슈 를 어더 욱 폐에 하직호고 나려올시 어소복두에 쳥삼 관디를

닙고우슈에옥호를잡고어스화빗겨꼿고직인창부와리원콩악을버려셔우고쳥홍긔
롤압계우며금안쥰마에젼후츄죵이옹위ㅎ야대로상으로헌거룹게나려오니도로관
광지모다칭칭션ㅎ더라이러탓힝ㅎ야삼ᄉ일이되민장원이자연마음이비창ㅎ야
잠간쥬졈에셔조으더니문득낭자몸에피를흘니고완연이문을열고드러와자긔겻ᄒ
안자이연이올며왈낭군이닙신양명ᄒ야녕화로이노려오시니시하에즐겁기측량업
거니와쳡은시운이불힝ᄒ야황텬긱이되엿는지라일젼에낭군에게편지
소연을듯자온즉낭군이쳡의계향ᄒ음이지극ᄒ오나차싱연분이쳔박ᄒ와발셔유
명이현슈ᄒ얏시니구텬의혼빅이라도유한이되올지라그러나쳡의원통ᄒ온스연을
아못죠록신셜ᄒ옴을낭군에게부탁ᄒ옵노니바라건되낭군은소홀이아지마르시고
이런한을푸러쥬시면쥭은혼빅이라도졍치못ᄒ지라아모리ᄉ각ᄒ
야도그곡졀을예탁지못ᄒ지라명효에인마를직촉ᄒ야쥬야빅도ᄒ야여러날만에풍
늘나셔니일신에한(한)이가득ᄒ고심신이셔늘ᄒ야진졍치못홀지라
소촌에이르러숙소를졍ᄒ고식물을젼폐ᄒ야밤을안져기다리더니문득하인이고
디대상풍이오신다ᄒ거놀쥬셰주시졍문에나와마자문후ᄒ고뫼셔방으로드러가
가닉안부를뭇자오니공이쥬져ᄒ며혼실이두량ᄒ믈이르고션군의파거ᄒ야버살ᄒ
ᄉ연울부러깃거ᄒ며이윽고말삼ᄒ다가션군다려왈남아현둘ᄒ면량쳐를두미고금
상ᄉ라ᄂᆞᆯ듯으니이꼿림진ᄉ의ᄯᆞᆯ이뇨죠현슉다ᄒ며니림진ᄉ에게허락을바닷기로

전즈낭영숙

넙치ᄒᆞ얏스니이왕이곳울넘ᄒᆞ얏슨즉명일에아조셩례ᄒᆞ고집으로도라가미합당치아니랴ᄒᆞ니션군은낭지현봉ᄒᆞ물장신장의ᄒᆞ심신울졍치못ᄒᆞ든차에그부쳔에말삼울듯코해오티낭졔쥭울시분명ᄒᆞ도다반다시이런고로나를괴이고림낭자로혼취ᄒᆞ야낭울위로ᄒᆞ오미다ᄒᆞ고이의부쳔게왈이말삼이지당ᄒᆞ시니소자의ᄆᆞ음은아직급ᄒᆞ지아니ᄒᆞ오니두를보아졍혼ᄒᆞ미눗지아니ᄒᆞ오니다시이르지마음거눌공이그회심치아님을알고다시구치못ᄒᆞ고밤울지녈ᄉᆡ계명에션군이마ᄅᆞᆯ지츅ᄒᆞ야길에떠나밧비힝ᄒᆞᆯ시립진시션군이갓가히왓시물알고션군의하쳐로나아오다가길에셔만나치하ᄒᆞ며슈어를수작ᄒᆞ고분수후빅공울만나차시션군이밧비힝ᄒᆞ니널너왈스셰여차ᄒᆞ니잠간기다리라ᄒᆞ오니라민빅공이션군의스연울널너왈스셰여챠ᄒᆞ니잠간기다리라ᄒᆞ오니라
ᄒᆞ니ᄒᆞ기고기간존후를못잡고낭자의ᄎᆞᆯ졍부인이아자의영화로이도라오믈알ᄒᆞ고깃브미업셔아자의뭇눈말을티답ᄒᆞᆯ길이상막ᄒᆞ야눈지라션군이쳔만도로혀깃브미업셔아자의안부를뭇거눌졍부인이아자의영화로이도라오믈의아ᄒᆞ야낭자의방에드러가보니낭자의안부를뭇거눌눈말이디답ᄒᆞᆯ길상막ᄒᆞ야눈지라션군이쳔만혀울음을녈우지못ᄒᆞ고젼지도지나올ᄉᆡ춘잉이동츈울안고울며니다라션군의옷자락을붓들고왈아바니엇지ᄒᆞ야이졔야오시오어만이발셔쥭어염습도못ᄒᆞ고지금저잇스니참아셜워못살겟소ᄒᆞ며넛글고낭자방으로드러가며어만이러나오아바니지금왓소그리쥬야로그리워ᄒᆞ더니엇지안연무심이누엇소ᄒᆞ고셜어울기를마지

오니 호거놀 션군이 차경을 보고 불승춤연호야 일장통곡호다가 급히 졍당의 나와 부모
씌 그 곡졀을 못쟈오니 빅공이 오열호고 일으디 간지 오륙 일후 일은 낭쟈의 형영이
업기로 우리 부쳬 고이 녁여 졔방의 가 본즉 모양으로 누엇스니 불승디경호야 그 곡졀
을 알길 업셔 해오리 건디 이 필열 엇던 놈이 너 업는 줄 알고 드러가 겁칙 호려다가 칼로 낭
쟈를 질너 죽인가 호야 칼을 싸히려 호니 싸지오니 코신례를 움작일 길이 업셔 염습지
못 호고 그져 두어 너를 기다리며 오네게 알게 못 호기네 듯고 병이 놀가 호고 념녀 호야
림녀와 졍혼 호미라 낭쟈의 죽음을 알기 젼에 슉녀를 어더 졍을 드리면 낭쟈의 죽으믈
쟈라도 마음을 위로 홀가 싱각 이 이의 밋치미라 호는 모로미 과샹치 말고 념슙홀 도리
알 지 라 도 마음을 위로 홀가 싱각 이 이의 밋치미라 호는 모로미 과샹치 말고 념슙 홀 도리
나 싱각 호라 션군이 차언을 드르미 의 사망연호다 엇지 홀 줄 모르고 가쟝 우려 침음호고
빙소의 드러 가디 셔 동곡 호더니 홀연 분긔 디 발 호야 이의 모든 로비를 일시에 결박 호
야 안치고 보니 미월도 역시 그 즁의 든지라 션군이 소미를 것고 빙소의 드러가이 불을 혓
치고 본즉 낭쟈의 용모와 일신이 산소름 갓호야 미읍는지라 션군이 암축왈
이졔 션군이 이르럿스니 이 칼이 싸지면 원슈를 갑호 원혼를 위로 호리라 호고 칼을 싸히
미 그 칼이 문득 싸지며 그 굼그로 쳥조 호나히 나오며 울기를 미월일니 미월일니 쏘셰번 울
고 나라가 더니 쏘 쳥조 호나히 나오며 미월일니 미월일니 쏘셰번 울고 나라가거놀 그제
야 션군이 미월의 소윈을 알고 불승분로 호야 급히 외당에 눅와 형구를 버리고 모든 노복
을 챠례로 쟝문 호니 소범 업는 비복이야 무솜 말 노숭복 호리오 이에 미월을 잡으문초홀

시간악흔년이죽초를으니ᄒ다가일빅장에이르니비룩쳘셕갓튼혈육인둘졔엇지는
히견틔리오피육이후란ᄒ고유혈이낭ᄌᄒ눈지라도ᄒ올일업시기ᄉ복ᄒ며울며
이르되상공이여차ᄉᄉᄒ시기로비맛춤원통ᄒ마음이잇든차에ᄯ장ᄒ문ᄒ고감히잔
계를힝흠이니동모ᄒ던놈은도리로소이다션군이노긔충쳔ᄒ야도리를ᄯ복초ᄒ거늘
도리민월의금을밧고그지휘되로힝계ᄒ밧계다른죄눈업노라ᄒ며긔복초ᄒ거늘
션군이이의칼을들고나려와민월을훈칼에머리를버히고빅를굴ᄂ간을내여낭ᄌ신
쳬압히노코두어번졔문을일그니글왓스되
슬프다셤인도 견육ᄒ고슉녀도 봉창ᄒ문 고왕금내에비바유지라 ᄒ나낭ᄌᄀᄉ
흔지원국통훈일이 셰상에ᄯᄃ잇스리오 오호라이도시션군의불찰이니 슈원슈구
리오놀놀민월에원슈눈갑핫거니와낭ᄌ의화용월틱를어듸가다시보리오다만
션군이죽어디하에도라가낭ᄌ를솟찰거시니니부모에게불효되나나의처디룰불고
ᄒ노라ᄒ엿더라
션군이늙기를맛치민쳬를어 로만져일장을동곡ᄒ후도리눈본읍에보내여결도에
졍박ᄒ니라차간하회ᄒ라

뎨륙회

션군이신원현몽ᄒ야낭ᄌ회셩상디ᄒ다

지셜이ᄯ에빅공부쳬션군다려실사를이르으니ᄒ얏다가일이이곳치탈로ᄒ물보

고도로혀무싁ᄒᆞ야ᄋᆞ모말도못ᄒᆞ고눌션군이화안이셩으로져슴위로ᄒᆞ고녀습졔구를쥰비ᄒᆞ야빙소로드러가빙념ᄒᆞ려홀ᄉᆡ신쳬요지부동이라홀일업셔가인을다물이치고션군이홀노빙소에셔쵹을붉히고누어장우단탄ᄒᆞ다가어언간잠을드러혼몽ᄒᆞ엿더니문득낭지화복셩식으로완연히드러와션군계ᄉᆞ례왈낭군의도량으로쳡의원수를갑하쥬시니그은혜결초보은ᄒᆞ야도갑지못ᄒᆞ리로소이다작일옥졔됴회바드실시쳡을명초ᄒᆞ소수지져굴ᄋᆞ소ᄃᆡ네션군과즈연만난눈거슬아잇거ᄂᆞᆯ능히참지못ᄒᆞ고슴년을젼과ᄒᆞ야인연을밋잣눈고로인간에ᄂᆞ려가익미혼일노비명횡ᄉᆞᄒᆞ게홈이니장차누를혼ᄒᆞ리오ᄒᆞ시며쳡이소죄ᄒᆞ야고옥졔쌔역명ᄒᆞ온죄만ᄉᆞ무셕이오나그런일을당ᄒᆞ오미쥬즁이되고쏘션군과미쳡을셰상에내여보니스션군과미진ᄒᆞ인연을밋계ᄒᆞ야쥬옵소셔쳔만이걸ᄒᆞ온즉옥졔궁측이녀기ᄉᆞᄃᆡ신다려하교ᄒᆞ소왈슉영의죄눈그러ᄒᆞ여도족히즁게될거시니다시인간에닉여보닉여미진혼연분을잇계ᄒᆞ라ᄒᆞ시고염나왕에게하교ᄒᆞᄉᆞ왈슉영을밧비노화환토인셩ᄒᆞ라ᄒᆞ시니염나군수교지차ᄒᆞ시니오영이쥭어죄를속ᄒᆞᆯ괴ᄒᆞ이못되엿소오니이일만지닌오면니여보니오리이다ᄒᆞ니욱대ᄌᆡ옵셔그리ᄒᆞ라ᄒᆞ시고남국셩을명초ᄒᆞᄉᆞ수한을졍ᄒᆞ라ᄒᆞ실시남극셩이팔십을졍ᄒᆞ여슴인이옥데게ᄒᆞ엿즈오ᄃᆡ션군과쳔쳡분이어눌엇지슴인이라ᄒᆞ시나니잇고옥데굴ᄋᆞ소ᄃᆡ네히즈연삼인이될거시니련괴를누셜치못

전주낭영숙

흐리라 흐시고 셕가여 틔를 명흐 ᄌ식을 졉지 흐라 흐신즉 여리 째셔 삼남을 졍 흐엿 ᄉ
오니 낭군은 오직 과상치 말고 오수일만 기다리소셔 흐고 문득 잔듸 업거ᄂ 션군이 셔
여 마음에 가장 창연 흐나 그 몽ᄉ를 싱각 흐고 심니에 옹망 흐야 수일을 기다리더니 익일
을 당 흐야 션군이 맛 참 밧게 나갓다가 드러와 분즉 낭지 도라누엇거ᄂ 션군이 놀나 신쳬
룰 만져 본즉 온긔 완연 흐야 싱긔 잇ᄂ지라 심즁에 뒤회 흐야 일변 부모를 쳥 흐야 삼초를
다려 입에 훌니며 수족을 쥬무르니 이옥고 낭지 눈을 떠 좌우를 도라 보거ᄂ 놀구고와 션군
의 즐거오믈 엇지 다 측량 흐리오 차시 츈잉이 동츈을 안고 낭ᄌ에 겻히 잇다가 그 회싱 흐
믈 보고 환련회 흐야 모친을 붓 들고 반가 오미 넘처 눗기며 왈 어머니 날을 보시오 그
시 엇지 흐야 그 오래 몽 흐엿소 낭ᄌ 츈잉의 손을 잡고 어린다시 뭇ᄂ말이 녜의 부
친이어 듸 가며 녀의 남미 도 잘 잇더나 흐며 몸을 움 작여 이러 안즈니 상히 보는 자 뉘 오니
즐거 흐리오 모든 ᄉ름이 이말을 듯고 모다 이르러 치흐 분ᄉ 흐니 이로슈 응긔 어렵더라
니러구러 슈일이 지나 민잔쳐을 비셜 흐고 친쳑을 다 쳥 흐야 크게 즐길시 지인을 불너 지
묘를 보며 창부로 소래를 식이미 풍악소래 운소에 ᄉ못더라
각셜 초시에 림쇼져 집에셔 숙영낭자의 부싱 흐물 듯고 납폐를 환퇴 흐고 도니구혼 흐려
하더니 림소졔 이 ᄉ연을 듯고 부모ᄉ ᄭ와 녀ᄌ 되여 의 혼납 빙 흐야 예폐를 바덧ᄉ 오면 그
집 ᄉ람이 분명 흔지라 빅싱이 상쳐 흔 줄 알고되 허락 흐엿 더니 낭자 갱싱 흐엿 슨즉
국법에 량쳐를 두지 못 흐오면 결혼 흘의 ᄉ를 두지 못 흐려 니와 소녀의 졍ᄉ 는 밍셰코 다른

가문으로는 가지못ᄒᆞ올거시오니 그런말삼은 다시마르소셔ᄒᆞ거놀림진ᄉᆞ부쳬이말
을듯고어히업셔셔랑을광구ᄒᆞ더니림쇼졔듯고부모ᄭᅦ고왈
이왕도고엿거니와혼셔니러틋산란ᄒᆞ오니도시소녀의팔지긔박ᄒᆞ온년괴라바록
녀자라도일언이즁쳔금이라집심이금셕곳소오니종시로록부모슬하에잇셔임성을
안락ᄒᆞ오면소원일가ᄒᆞ노이다ᄒᆞ고ᄉᆞ격엄졀한지라진ᄉᆞ부쳬이말을드르미쥬의틀
잇지못ᄒᆞ올줄알고타쳐의수혼을엇치다일일은림진ᄉᆞ빅공을초져보고낭자에깅셩ᄒᆞ
물치ᄒᆞ고인ᄒᆞ야녀으의졍ᄉᆞ를닐으고탄식ᄒᆞ물마지오 니ᄒᆞ니빅공이청ᄉᆞᄒᆞ고
왈으름답도다규슈의렬졀이여우리로ᄒᆞ야금져의일셩이페인이될듸우리음덕에
고이의림진ᄉᆞ를듸ᄒᆞ야왈귀소져의금옥굿튼말을듯소온즉우리음덕에
휴손ᄒᆞ미ᄯᅩ흔업지오니ᄒᆞ리낭장차엿지ᄒᆞ리오초시션군이시립ᄒᆞ야수작ᄒᆞ물다듯
오니ᄒᆞ나기계량난이라국법의유쳐취쳐눈잇소오나귀소겨엇지질거남외부실이되
고ᄌᆞᄒᆞ오리가림진셔탄왈부실을엇지ᄉᆞ양ᄒᆞ리오ᄒᆞ고이욱이한담ᄒᆞ다가도라
니라
차셜션군이낭ᄌᆞ침소의드러가림녀의셜화로젼ᄒᆞ고널커르니 낭ᄌᆞ으름다이녀겨왈
져규슈집심이여 초ᄒᆞ니우리남의케젹악이될지라옥데새셔우리슴인이동일승텬ᄒᆞ
리라ᄒᆞ엿시니이필연림녀를이르미라 오마텬졍을응ᄒᆞ미니낭군은우리집젼후ᄉᆞ연
과림녀의젼후ᄉᆞ연을셩상ᄭᅦ상소ᄒᆞ오면상이반다시ᄉᆞ혼ᄒᆞ실듯ᄒᆞ오니엇지오름답

젼조낭영슉

지안이흥리오한듸션군이죽시응락ᄒ고쳐형삼경ᄒ야옥렬의슉소ᄒ고슈일이지는
후의림녀의설화를배풀고또한낭ᄌ의젼후ᄉ올셰ᄉ히베프러일봉소를지어울년듸
상이어람ᄒ시고칭찬ᄒᄉ왈낭ᄌ의일은쳔고의희한혼빈니졍렬부인직쳡을주노라
ᄒ시고림녀의졀ᄀ ᄯᅩ훈으름다오니득이빅션군과 결혼ᄒ게ᄒ시고 숙렬부인직쳡
울느리시니션군이럽은을슉소ᄒ고슈유를어더밧베집으로ᄂ려와부모를뵈온후에
이ᄉ연울굿초고ᄒ고낭ᄌ를보으련은이여차ᄒ시믈젼ᄒ니일가상히ᄯᅩ훈희열ᄒ
더라이의림진ᄉ집의차ᄉ를룽긔ᄒ니진새희츌망외ᄒ야퇴일셩례홀셔림시의위의
빅부의니르니그화용월틱진짓뇨됴숙녀라구고환열무익ᄒ고션군의금슬지졍외비
경ᄒ더라신부구가에머무러효봉구고ᄒ고승순군ᄌᄒ야낭ᄌ로더부러지긔상합ᄒ
야일시라도쩌ᄂ기를앗기더라빅부에셔ᄎ후로일가화락ᄒ야ᄀ리ᄅ거시업시셰월을
보ᄂᆡ더니곳의부뷔팔십향슈ᄒ야긔후강건ᄒ더니홀연득병ᄒ야일됴에셰상을바
니셩의부부숨인이의훼파도ᄒ야예로써션산의안장ᄒ고셩이숨년시묘ᄒ니라니
구러광음이훌훌ᄒ야졍렬은ᄉ남일녀를싱ᄒ고슉렬은숨남일녀를싱ᄒ니ᄀᆞᆨ기히부
풍모습ᄒ야옥인군ᄌ오현녀슉낭이라남가여혼ᄒ야ᄌ손이션ᄉᄒ고가셰요부ᄒ야
한셕군일홈을엇고복녹이무흠ᄒ더니일ᄉ은된듸연을배설ᄒ고ᄌ녀부손을다리고ᄉ
일을질기더니홀연상운이ᄉ면울둘너드러오며룡의소릭진동ᄒ눈곳에일위션관이
ᄂ려와불너왈션군은인잔ᄌ미엇더ᄒ뇨그듸숨인의상텬홀긔약이오날이니밧비가

숙영낭조전 죵

자호거눌 션군부수숨인이 자녀의 손을 잡고 리별호고 일시에 상텬호니 향년이 팔셜이
러라 자녀 손드리 공즁을 향호야 망극이 통호고 의 티로써 션산에 안장호니라 일이쳐괴
이 키로 티강과 록호여 후셰에 젼호노라

大正六年十二月九日 初版發行
大正九年一月二十日 再版印刷
大正九年一月廿六日 再版發行

不許複製

特別淑英娘子傳

定價金二十錢

京城書籍業組合編輯部編纂

編輯兼發行者　京城府樂園洞八十五番地　朴健會

印刷者　京城府寬勳洞三十番地　金重煥

印刷所　京城府寬勳洞三十番地　朝鮮福音印刷所

發行所　京城書籍業組合所

활자본 고소설이란?
— 원형적 상상력과 토속적 감수성의 값진 유산

    고소설은 조선시대에 필사본과 목판본으로 전해오면서 독서계에 '소설혁명'을 불러일으켰다. 애국계몽기 시대로 접어들면서 '신소설'의 출현과 함께 역사의 퇴물로 쓸쓸히 퇴장하는 것처럼 보였지만, 식민지 시대에 다시 유력한 문학 양식으로 화려하게 부활했다. 서양식 인쇄술의 도입과 발전, 살벌한 식민지 검열체제, 그리고 하층민적 감수성을 자극해온 전통적 서사의 매력 등이 맞물리면서 오히려 신소설과 현대소설을 압도해갔다.

    활자본 고소설은 '울긋불긋한 표지에 4호 활자로 인쇄한 100매 내외의 소설'이 그 전형적 면모였다. 1912년 이해조의 개작소설 《옥중화》를 필두로 1930년까지 대략 20년 동안 1천여 회나 간행되었다. 《춘향전》만 1년에 40만 부 가량 팔렸다는 전설적인 기록도 남아 있다. 문학평론가 팔봉 김기진은 활자본 고소설의 인기 비결을 날카롭게 분석했다. 그는 농민과 노동자들이 고소설에 열광하는 까닭을 다섯 가지로 꼽았다.

    울긋불긋한 표지가 독자들의 호기심과 구매욕을 자극한다. 호롱불 밑에서 목침을 베고 드러누워서 보기에도 눈이 아프지 않을 만큼 큰 활자로 인쇄되어 호감을 준다. 값이 싸서 농민과 노동자라도 한두 권쯤은 사볼 수 있다. 문장이 쉽고 고성대독하기에 적당하다. 재자가인(才子佳人)의 박명애화(薄命哀話)가 눈물을 자아내고 부귀공명의 성공담이 참담한 현실에서 벗어나게 하며 호색남녀를 중심으로 한 음담패설이 성적 쾌감을 불러일으킨다.

    이처럼 식민지 시대를 주름잡던 활자본 고소설은 해방 이후 점차 퇴락의 길을 걷게 된다. 우연과 감상성의 남용, 구성의 비현실성, 묘사의 불성실, 인물

설정의 유형화 등은 변화된 시대와 독자층의 욕구를 따라잡기에는 역부족이었다. 하지만 문학 향유의 민주화에 기여한 점에서 활자본 고소설의 공은 결코 적지 않았다. 또한 고소설에 담긴 우리 민족의 원형적 상상력과 토속적 감수성은 21세기에도 여전히 값진 문학적 유산으로 남아 있다.

《특별特別 숙영낭자전淑英娘子傳》 해제
경성서적업조합소, 1917년 초판, 1920년 재판

1915년 신구서림에서 최초로 발행되었는데, 이후 여러 서점 명의로 재발행되면서 분량이 점차 줄어들었다.

이 작품은 여주인공이 자결이라는 수단으로 자신의 결백을 주장하고, 남주인공은 사랑으로 죽은 배우자를 다시 살려낸다는 내용이어서 생사의 경계를 넘어선 지고지순한 사랑이 돋보인다. 판소리 12마당에 포함되기도 했지만, 판소리 특유의 골계미가 결여된 채 비장미가 강하고 서민의식이 부재해서 전승력을 확보하지 못했던 것으로 보인다. 사랑이라는 주제를 재생이라는 초월주의적 사고로 둘러싸고 있는 점이 특징이다. 줄거리는 다음과 같다.

세종 시절 안동에 사는 백선군은 천상의 인연이 계기가 되어 옥련동에서 숙영낭자를 만나 혼인한다. 과거를 보러 가던 선군은 아내를 잊지 못해 두 번이나 몰래 집으로 돌아온다. 선군의 아버지는 아들의 정체를 모른 채 며느리를 의심한다. 두 사람이 결혼하기 전 선군에게 시중을 들었던 하녀 매월은 선군이 결혼 후 자신에게 더 이상 관심을 두지 않자 숙영을 모해하려 결심하고 외간 남자가 숙영의 방을 드나드는 것처럼 일을 꾸민다. 누명을 쓴 숙영은 결백을

주장하고 주위의 인정을 받지만 치욕감을 견디지 못하고 자결한다. 한편 선군은 과거에 장원 급제하고 집에 돌아와 전후 사정을 알게 된다. 그는 매월의 흉계를 밝혀내고 그녀를 처단한다. 수일 후 죽었던 숙영이 살아나 두 사람은 백년해로한다.

필사본에는 숙영이 살아난 후 다시 시련을 겪고 재회하는 내용이 더 부연되어 있지만, 목판본과 구활자본에서는 보이지 않는다. 결국 초월계를 개입시켜 사랑의 완성에만 집착한 듯한 인상을 준 것이 독자들을 더 이상 끌지 못한 요인이었다.

해설: 이주영(서원대학교 국어국문과 교수)

아단문고 고전 총서 5

[특별] 숙영낭자전

펴낸곳 현실문화
펴낸이 김수기

기획 아단문고 기획실
해설 이주영

편집 좌세훈
디자인 강수돌
마케팅 오주형
제작 이명혜

첫 번째 찍은 날 2007년 10월 30일
등록번호 제1999-72호
등록일자 1999년 4월 23일
주소 서울시 서대문구 충정로 2가 190-11 반석빌딩 4층
전화 02)6326-1125(편집) 02)393-1125(영업)
팩스 02)393-1128
전자우편 hyunsilbook@paran.com
값 6,000원

ISBN 978-89-92214-33-9 94810
978-89-92214-28-5(세트)